A MON PÈRE, A MA MÈRE,

A TOUS MES PARENTS,

AMOUR ET RESPECT.

A tous mes Amis,

DÉVOUEMENT ET AFFECTION.

1855

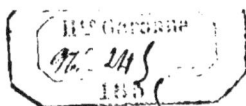

FACULTÉ DE DROIT DE TOULOUSE.

THÈSE

Pour la Licence,

EN EXÉCUTION DE L'ART. 4 , TIT. II DE LA LOI DU 22 VENTÔSE, AN XII ,

PAR

M. THÉODOMIR GAYE,

né à Bagnères-de-Bigorre (Hautes-Pyrénées).

JUS ROMANUM.

QUIBUS MODIS TESTAMENTA INFIRMANTUR.

Duodecim tabularum lege sic de testamentis cautum fuerat : *pater familias uti legâssit super familiâ , pecuniâ , tutelâve suæ rei , itâ jus esto.* Hoc posteà semper apud Romanos vetus mansit principium. Itaquè et quidem , Justiniano regnante , testamentum ex ritu antiquo, prætorum edictis, principumque constitutionibus conflatum, nihil aliud est quàm « *mentis* nostræ justa *testatio* in id solenniter facta ut post mortem nostram valeat (Ulp. t. 20, § 1) » .

Ut jure factum dicatur testamentum, quædam sive internæ, sive externæ necessariæ concurrunt solennitates de quibus non nobis cœterùm hìc loquendum est. Sed non satis est, ad deferendam ex testamento hæreditatem, id ab initio justum esse nisi et tale ad extremum perseveret, undè à Justiniano nobis varii proponuntur, quibus testamenta ritè facta infirmantur, modi quos totidem vocabulis distinguere solent jurisconsulti : ab illis enim sive *rupta*, sive *irrita*, sive *rescisa* hæc dicuntur testamenta.

§ 1. — *De Rupto testamento.*

Rumpitur autem testamentum cùm, in eodem statu manente testatore, ipsius testamenti jus vitiatur (Inst., liv. 2, tit. 17, § 1) : idque fit :

I. Propter agnationem posthumi, tùm *naturalem* si hæres suus post testamenti factionem nascitur, tùm *civilem* si testator vel adrogat, vel descendentem adoptat, vel naturalem legitimat, vel nepos in hæredis sui locum succedit, vel tandem ex pristino jure si in manum mariti convenit uxor.

II. Cùm, mutatâ testantis voluntate, sive ipse novum jure perfecto condiderit testamentum, sive prius, coràm tribus ad minimum testibus, revocaverit accesseritque decennii lapsus (l. 27, cod. de test.); sive prius etiam laceraverit, cancellaverit aut superscripserit.

Referente Ulpiano (lib. 2 ad sab.), ut priores rumpantur tabulæ, opportet posteriores ritè perfectas fuisse, nise fortè vel jure militari sint factæ, vel in eis scriptus fuerit qui ab intestato venire poterat. Non ideò minùs rumpitur prius testamentum quamvis hæres, in posteriori scriptus, deindè hæreditatem noluerit adire « aut, vivo » testatore, aut post mortem ejus, antequàm hœreditatem adiret, » decesserit, aut conditione sub quâ institutus est defunctus sit (Inst. § 2) » .

Clausula sub posteriori testamento inserta *ut prius valeat* non tamen obstat quominùs rumpatur, sed tantùm fideicommissum inducit. Et etiam si quis in posterioribus tabulis hæres solùm ex certis rebus institutus fuerit, ei tamen totam hæreditatem apprehendere licet ex vetere præcepto *nemo pro parte bonorum testatus et pro parte intestatus decedere potest* : sic meritò rescripsère divi *Severus* atque *Antoninus* (Inst. § 3).

§ II. — *De irrito testamento.*

Hactenùs quo modo, salvo testàntis statu, infirmatur ejus testamentum, diximus : videamus nunc quo modo infirmatur idem, mutato illius statu.

Irritum fit testatentum si testator vel maximam, vel mediam, vel minimam capitis deminutionem patitur (Dig., lib. 28, tit. 3). Quum enim per capitis deminutionem maximam fiat servus, per mediam peregrinus, per minimam filius-familias, et nec servus, nec peregrinus, nec filius-familias testamentum condere possint, certè patet testamentum ità incidere in casum ex quo non valeat. .

Et hoc tamen aliquandò sustinet prætor testamentum et scripto hæredi bonorum dat possessionem secundùm Tabulas, dùm testator tempore mortis civis Romanus suæque potestatis fuerit (Inst. § 6).

Si Titium prioris pæniteat voluntatis malitque nunc intestatum decedere, tabulas deleat, cancellet, signa revellat, etc. Ex eo tamen non infirmatum putatur testamentum quòd posteà Titius id valere noluerít ; adeò ut cum voluntate revocandi concurrens novi testamenti inceptio non prius corrumpendi vim habeat : de hoc divi *Pertinacis* oratione cautum fuit (Inst. § 7).

§ III. — *De Resciso testamento.*

Postremò *rescisum* dicitur testamentum cùm non ipso jure, sed judicis sententià, post *querelam inofficii* infirmatur.

Non nobis hìc exponendum est cur , quandò et quibus modis hâc agebatur querelâ : dicamus tantùm istam esse actionem quâ ii quibus debebatur *portio legitima* injustè exheredati , vel præteriti , contrà institutos hæredes agebant , ut testamentum , ex eo colore quòd testator non sanæ mentis fuerit , rescinderetur.

CODE NAPOLÉON.

DES PRIVILÉGES ET HYPOTHÈQUES.

LIVRE III , Titre 18 (art. 2095—2113.)

« Le privilége est un droit que la qualité de la créance donne à un » créancier d'être préféré aux autres créanciers même hypothécaires » (art. 2095, C. N.) » Les priviléges étaient formellement reconnus par les lois romaines , seulement ils ne jouissaient pas alors d'une faveur aussi étendue que celle qui leur est attribuée aujourd'hui (Pothier , Pand. , t. 3 , p. 185 , n° 19 ; Cujas , obs. liv. 10, ch. 22). Sous l'ancienne jurisprudence française, la législation à cet égard était à peu près la même que sous le Code Napoléon. Mais la loi du 9 messidor, an III, fit table rase de tous les priviléges qui ne furent rétablis en partie que par la loi du 11 brumaire an VII , et définitivement par celle du 28 ventôse an XII , réunie le 30 du même mois aux divers titres qui composent notre Code moderne.

Les priviléges prennent rang de la seule qualité de la créance : aussi sont-ils préférés aux hypothèques et se classent-ils entr'eux sans égard à l'antériorité des titres (2096) ; les plus privilégiés entrent en ordre les premiers, comme disait Loyseau. Quant aux créanciers privilégiés qui sont dans le même rang, ils sont payés par concurrence (2097) ; *privilegiatus contrà œquè privilegiatum non utitur privilegio.*

Notre Code divise les priviléges en trois classes : la première comprend les généraux, c'est-à-dire ceux qui portent sur tous les meubles et subsidiairement sur tous les immeubles du débiteur ; la seconde, ceux spéciaux sur certains meubles ; la troisième ceux spéciaux sur certains immeubles.

§ I. — *Priviléges sur les meubles.*

I. *Des priviléges sur tous les meubles.* — Sont privilégiés sur tous les meubles d'après l'art. 2101 :

1° *Les frais de justice*, c'est-à-dire toutes les avances faites dans l'intérêt commun des créanciers, par exemple : les frais de scellés, d'inventaire, de saisie, de gardiens, d'affiches, d'insertion dans les journaux, de procès-verbaux, d'enregistrement, etc.

2° *Les frais funéraires*, c'est-à-dire ceux qui ont pour objet, soit l'ensevelissement du corps et l'achat du terrain nécessaire à la sépulture, soit les émoluments de la fabrique et les honoraires du clergé. Ce privilége, qui d'ailleurs doit être restreint aux dépenses jugées conformes à la condition du défunt, prend sa source non-seulement dans ce respect religieux que les morts ont toujours inspiré à tous les peuples, mais encore dans l'obligation imposée à l'Etat de veiller à la salubrité publique ; car, comme disaient les anciens, *non minus interest republicæ homines viventes conservari quàm mortuos sepeliri.*

3° *Les frais quelconques de la dernière maladie*, c'est-à-dire ceux dûs aux médecins, pharmaciens, chirurgiens, garde-malades, pour leurs honoraires ou fournitures. Cette faveur est parfaitement justifiée par l'importance du service rendu et par le crédit forcé que la délicatesse et l'humanité imposent à de pareils créanciers. Faut-il que *la dernière maladie*, pour laquelle sont réclamés les frais par privilége, ait entraîné la mort du débiteur? Quoique des jurisconsultes éminents, notamment

M. Troplong, soutiennent vivement cette opinion, nous croyons avec MM. Grenier et Duranton que l'on peut exiger les frais de maladie à titre de privilége, même *du vivant du débiteur*, lorsqu'il est tombé en faillite ou en déconfiture. Et, en effet, si le système contraire était admis, on verrait le médecin habile et soigneux, qui a sauvé son malade, moins bien traité que celui qui l'a laissé mourir ; en d'autres termes, le médecin serait intéressé à la mort de son malade !

4° *Les salaires des gens de service.* Ce privilége, d'une origine beaucoup plus récente que les précédents, puisqu'on en retrouve à peine quelques traces dans la coutume de Paris, est cependant bien légitime. La dette du pauvre, en effet, est sacrée ; or, la créance des domestiques formant le plus souvent toute leur fortune, l'humanité recommandait qu'on les protégeât contre l'insolvabilité de leur maître. Du reste, cette faveur ne s'étend qu'aux salaires dûs pour l'année échue et pour l'année courante.

5° *Les fournitures de subsistances faites au débiteur et à sa famille.* Avons-nous besoin de dire que ce privilége a pour but d'encourager la fourniture de toutes les choses nécessaires à la vie, en diminuant les risques du crédit ouvert par les fournisseurs ? Il n'est accordé par la loi que pour les fournitures faites pendant les six derniers mois par les marchands en détail, tels que bouchers, boulangers, etc., et pendant la dernière année par les maîtres de pension et marchands en gros.

II. *Des priviléges sur certains meubles.* Sont privilégiés sur certains meubles, d'après l'art. 2102 :

1° *Les créances provenant des baux de maisons ou de biens ruraux.* — Faciliter les locations en garantissant le propriétaire de toute perte qui pourrait résulter pour lui de la possession de sa chose par un tiers, telle est la véritable cause de ce privilége que toutes les législations ont tenu comme éminemment favorable. — Le privilége du bailleur d'une maison porte sur tous les meubles qui la *garnissent*, dit le Code, c'est-à-dire sur tous les meubles *apparents*, et non, par conséquent, sur les bijoux, argent comptant et autres objets tenus sous clé : il porte même sur les meubles *garnissants* qui n'appartiennent pas au locataire pourvu que le locateur ignore cette particularité, en d'autres termes, pourvu qu'il soit de bonne foi ou que ces objets n'aient pas été volés ou perdus, car dans ce dernier cas, il faudrait faire application de l'art. 2279, C N. Quant au privilége du bailleur d'un héritage rural, il porte : sur 1° les objets qui garnissent la ferme ; 2° sur les objets servant à son exploitation ; 3° sur les fruits de la récolte de l'année, soit détachés au moment de la saisie, *soit encore pendants à cette époque* ; car quoique d'après l'art. 528, C. N., ces derniers soient regardés comme immeubles et qu'il s'agisse ici d'un privilége sur les meubles, il n'en est pas moins généralement admis que le privilége dont nous nous occupons leur est applicable (Ferrières, art. 171, Coutume de Paris, numéros 19 et 20 ; Tarrible, Rép. v° priv. sect. 3, § 2, n° 4 ; Troplong ; n° 158). — Le Code fait une distiction importante, relativement à l'étendue du privilége du locateur, entre le bail ayant date certaine et celui sans date certaine : dans le premier cas, le propriétaire aura un privilége pour tout ce qui est échu et pour tout ce qui est à écheoir ; seulement, s'il use de ce privilége, les autres créanciers auront le droit de relouer la maison ou la ferme pour le restant du bail et de faire leur profit des baux ou fermages, à la charge toutefois de payer au propriétaire tout ce qui lui en serait encore dû : dans le second cas, au contraire, le bail sera suspect et le privilége restreint, selon un premier système, à une seule année, celle qui suit l'année courante (2 arr. de Bordeaux, Grenier, Tarrible, Favard); selon un second, à deux années, celle courante et celle qui la suit (Persil, Delvincourt) ; selon un troisième, enfin, qui est le plus accrédité et, ce me semble, le plus rationnel, aux années échues, à l'année courante et à celle qui la suit (661, 662 et 819 du C. de proc. civ. — Diverses Cours impériales. — Cour de cassation. — Troplong, Zachariæ, Duranton). Quoiqu'en général, les meubles n'aient pas de suite (2119 et 2279, C. N.), cependant la loi accorde au propriétaire le droit de revendiquer les meubles que le locataire a déplacés sans son consentement, pourvu que cette revendication ait lieu dans un délai de quarante jours s'il s'agit d'un héritage rural, et de quinzaine s'il s'agit de meubles garnissant une maison. — L'art. 2102, § 1 ajoute que les sommes dues pour les semences ou pour les frais de récolte de l'année sont payées sur le prix de la récolte et celles dues pour ustensiles sur le prix de ces ustensiles par préférence au propriétaire. 2

2° *La créance sur le gage dont le créancier est saisi.* — Le *gage* fait l'objet d'un titre spécial dans le Code ; nous n'avons pas à nous en occuper ici.

3° *Les frais faits pour la conservation de la chose.* — Ces frais ont, en effet, été utiles à la masse des créanciers : *totius pignoris salvam fecerunt causam,* disait la L. 6 au Dig. ff. *qui pot. in pig.*

4° *La créance du prix d'effets mobiliers vendus et non payés.* — Ce privilége est subordonné à deux conditions. Il faut : 1° que l'objet vendu soit encore en la possession de l'acheteur ; 2° qu'il soit dans le même état, c'est-à-dire qu'il n'ait pas subi des changements qui en aient altéré ou même détruit la nature primitive. Outre cette garantie accordée au vendeur, la loi lui donne encore sous les mêmes conditions la faculté de revendiquer dans la huitaine de la livraison les objets vendus, si pourtant la vente a été faite sans terme.

5° *Les fournitures d'un aubergiste sur les effets qui ont été transportés dans son auberge.* — L'aubergiste est responsable de toute détérioration des effets des voyageurs ou *pélerins,* comme disait la coutume de Paris : il est donc juste que d'un autre côté, il soit dédommagé de cette lourde responsabilité par une garantie quelconque sur ces mêmes effets, d'autant plus qu'étant obligé de recevoir tous les voyageurs qui se présentent et de leur faire des avances souvent considérables sans connaître leur solvabilité, cette profession si utile deviendrait fort dangereuse et partant fort rare, si une sûreté spéciale n'était accordée à celui qui l'exerce.

6° *Les frais de voiture et les dépenses accessoires sur la chose voiturée.* — Sont dépenses accessoires, par exemple, les frais de douane, d'octroi, etc.

7° *Les créances résultant d'abus et prévarications commis par les fonctionnaires publics dans l'exercice de leurs fonctions, sur les fonds de leur cautionnement et sur les intérêts qui en peuvent être dus.* — Enoncer ce privilége, c'est en dire la cause.

§ II. — *Priviléges sur les immeubles.*

Jouissent de cette sorte de privilége, d'après l'art. 2103 :

1° *Le vendeur* sur l'immeuble vendu pour le paiement du prix. «S'il » y a plusieurs ventes successives dont le prix soit dû en tout ou en » partie, le premier vendeur est préféré au second, le second au troi- » sième, et ainsi de suite.» Peu importe, du reste, que l'acte de vente soit authentique ou sous seing-privé : il suffit qu'il ne porte pas quittance du prix.

2° *Les prêteurs* qui ont fourni à l'acheteur les deniers payés au vendeur, «pourvu qu'il soit authentiquement constaté par l'acte d'em- » prunt que la somme était destinée à cet emploi et par la quittance » du vendeur que ce paiement a été fait des deniers empruntés.» Ce privilége, on le voit, n'est autre que celui du vendeur s'exerçant en sous-ordre et par voie de subrogation. La loi exige ici des actes authentiques pour prévenir les fraudes, pour empêcher, par exemple, que le vendeur ne fasse revivre son privilége au préjudice des autres créanciers au moyen d'un emprunt simulé.

3° *Les co-héritiers et co-partageants* pour : 1° la garantie des partages; 2° la soulte dûe par un co-partageant à l'autre ; 3° le prix de la licitation, si l'immeuble est vendu aux enchères (art. 2109, C. N.). Dans le silence de la loi, nous serions portés à décider que ce privilége est, comme le précédent, transmissible par subrogation.

4° *Les architectes, entrepreneurs, maçons*, et autres ouvriers employés pour édifier, reconstruire ou réparer des bâtiments, canaux *ou autres ouvrages quelconques.* Ces derniers mots ne doivent s'entendre que des ouvrages d'art qui de près ou de loin ont quelque rapport avec l'érection, reconstruction ou réparation d'un édifice, tels que les travaux faits sur des digues ou chaussées. Ce privilége s'exerce seulement sur la plus-value résultant des travaux, et encore existante au moment de l'aliénation. Deux conditions sont requises pour qu'il existe ; il faut : 1° que, par le tribunal de première instance dans le ressort duquel les bâtiments sont situés, il ait été dressé préalablement un procès-verbal à l'effet de constater l'état des lieux relativement aux ouvrages que le propriétaire déclarera avoir dessein de faire ; 2° que les ouvrages aient été dans les six mois au plus de leur perfection reçus par un expert également nommé d'office.

5° *Les prêteurs* ayant fourni des deniers pour le paiement des travaux.

§ III. — *Priviléges sur les meubles et les immeubles.*

Les priviléges qui s'étendent sur les meubles et les immeubles sont ceux énoncés en l'art. 2101, auxquels il faut joindre celui du trésor public sur les biens des comptables (art. 2 et 4 de la loi du 5 septembre 1807). Ces priviléges généraux priment les priviléges spéciaux sur les immeubles : toutefois il est admis qu'ils ne s'exercent sur les immeubles que *subsidiairement*, c'est-à-dire en cas d'insuffisance du mobilier, c'est du reste ce qui résulte de l'art. 2105. Qu'arrivera-t-il si les créanciers de l'art. 2101 négligent de se faire préalablement colloquer sur le prix du mobilier ? ils seront évidemment non-recevables à se faire colloquer ensuite sur les immeubles, mais ils resteront toujours privilégiés à l'effet de primer les créanciers chirographaires, car ceux-ci ne souffrent pas de cette négligence, comme les créanciers hypothécaires.

Conservation des priviléges.

Les priviléges étant des droits réels opposables aux tiers, il importe grandement à ceux-ci d'être avertis de leur existence afin de pouvoir calculer d'une manière exacte le crédit que mérite leur débiteur. La nécessité d'un système de publicité pour les priviléges aussi bien que pour les hypothèques était donc commandée par l'équité ; et depuis longtemps déjà de grands financiers et d'éminents jurisconsultes l'avaient réclamé. Henri III, François I, Sully et Colbert, avaient même organisé cette publicité, Mais l'intérêt des hommes puissants d'alors, autant que les préjugés nobiliaires, fit échouer ces diverses tentatives qui eurent cependant quelque succès dans les coutumes du Nord-Est de la France dites : *coutumes de nantissemeut.* Enfin, l'énergie de nos premières assemblées républicaines mettant l'intérêt général au-dessus de l'égoïsme individuel, vint faire disparaître tout ce que la clandestinité des priviléges avait d'inique, en établissant un système de publicité qui a été reproduit en grande partie par le législateur de 1804.

Les priviléges sur les immeubles sont rendus publics par leur *inscription* sur un registre existant à cet effet dans chaque bureau de conservation d'hypothèques (2106 , C. N.) Pourquoi n'a-t-on pas astreint également les meubles à cette sage formalité ? Cela eût été juste sans doute , mais il faut convenir toutefois que c'eût été impossible dans l'application à cause de la rapidité avec laquelle les meubles peuvent disparaître et surtout de la difficulté de constater leur identité. Quant aux priviléges mobiliers de l'art. 2101 qui portent en même temps sur les immeubles , la loi a pensé , peut-être à cause de leur valeur modique, qu'ils devaient être dispensés de l'inscription. Nous ne pouvons nous empêcher de critiquer cette disposition qui porte une atteinte assez sensible au crédit foncier.

Nous l'avons vu plus haut , les priviléges ne prennent pas rang par la date : *non ex tempore , sed ex causâ existimantur*. L'art. 2106 semblerait cependant faire croire le contraire. Mais on est d'accord pour y voir simplement une faute de rédaction , et tout le monde reconnait que ces mots « *à compter de la date de l'inscription* » veulent seulement dire que le privilége ne peut être opposé aux tiers qu'après avoir été inscrit.

Nous avons à étudier les conditions de conservation des priviléges sous deux points de vue : 1º droit de préférence ; 2º droit de suite.

I. — *Droit de préférence.*

Privilége du vendeur (2108). Il se conserve par la *transcription* qui n'est autre chose que la reproduction littérale de l'acte translatif de propriété , sauf ensuite au conservateur à inscrire d'office le privilége mentionné déjà par la transcription. Cette forme exceptionnelle de publicité ne s'explique qu'historiquement , car sous le Code Napoléon elle n'est plus qu'un effet sans cause. Quand elle a été adoptée , les rédacteurs du Code pensaient que le système de la loi de brumaire, dont le principe était la nécessité de la transcription pour le trans-

fert de la propriété à l'égard des tiers, serait maintenu. Cependant ce
système fut en quelque sorte escamoté, sans qu'on en ait révélé le
motif, dans la discussion au conseil d'Etat. Il aurait fallu, puisqu'on
abrogeait le principe, à savoir la nécessité de la transcription, abroger
aussi la conséquence, à savoir l'art. 2108. Point du tout : on a supprimé l'un, mais on a conservé l'autre, et ainsi le Code nous montre
cette anomalie choquante d'un système de publicité pour le privilége
du vendeur reposant sur la transcription qui d'un autre côté est
rendue presque complètement inutile, puisqu'elle ne sert plus qu'à
purger les hypothèques. C'est, en d'autres termes, consacrer la clandestinité de ce privilége, tout comme on a consacré la clandestinité
du transport de propriété à titre onéreux. Aussi nous verrons bientôt
comme toutes les législations postérieures se sont efforcées de modifier
cet état de choses qui a enfin été supprimé par la loi du 23 mars
1855.

Privilége du co-partageant (2109). Il se conserve par l'inscription,
et ici nous trouvons une dérogation importante à l'art. 2106 : car
cette inscription a un effet rétroactif, elle peut être prise dans un
délai de soixante jours qui court à compter du partage ou de la licitation. Si donc le co-héritier ou co-partageant s'inscrit dans ce délai, il
primera les créanciers hypothécaires antérieurs au partage et tous
ceux auxquels postérieurement son co-héritier aurait constitué des
hypothèques inscrites avant son privilége.

Privilége de l'architecte (2110). Il se conserve par la double inscription faite : 1° du procès-verbal qui constate l'état des lieux ; 2° du
procès-verbal de réception et a effet, selon la règle de l'art. 2106,
à compter de la date de l'inscription du premier de ces deux procès-
verbaux.

Privilége des créanciers et légataires (2111). Ce privilége consiste
dans le droit qui résulte pour eux de se faire préférer sur les biens
héréditaires aux créanciers particuliers de l'héritier et d'obtenir la
séparation des patrimoines. L'inscription peut valablement être prise
par les créanciers et légataires dans un délai de six mois à dater de
l'ouverture de la succession. En cas de concours entre des créanciers
inscrits utilement, des créanciers hypothécaires de l'héritier et des

créanciers non inscrits, l'ordre de collocation doit être tel que les premiers ne profitent pas de la négligence des derniers, mais n'en éprouvent non plus aucun préjudice.

II. — *Droit de suite.*

Le privilége sur les immeubles confère, outre le droit de préférence, un droit de suite qui permet au créancier de dire aux tiers-acquéreurs : « Abandonnez l'immeuble, ou payez-moi ce qui m'est dû », et de l'exproprier s'il refuse. Ce droit si important est soumis, comme celui de préférence et pour les mêmes raisons, à la formalité de l'inscription.

En règle générale, l'art. 2166 du Code Napoléon exigeait que l'inscription précédât l'aliénation. Mais l'art. 834 du Code de procédure est venu modifier complètement ce système en permettant aux créanciers hypothécaires ou privilégiés de s'inscrire non-seulement jusqu'à la transcription, mais même pendant la quinzaine qui suit cette transcription. A l'égard du privilége du vendeur, l'art. 834 lui rend indirectement une partie de sa publicité : désireux, en effet, d'avoir sa propriété libre, l'acheteur s'empressera de faire courir, par la transcription du contrat, le délai de quinzaine après lequel aucun créancier ne peut surenchérir. Ajoutons sur ce point que la loi de 1816 (art. 52 et 54), en exigeant le droit de transcription en même temps que celui de mutation, a ajouté un élément de plus à la publicité du privilége du vendeur; car l'acheteur, forcé d'acquitter le droit de transcription, négligera rarement, une fois qu'il l'aura payé, de faire transcrire le contrat.

III. — *Innovations introduites par la loi du 23 mars 1855.*

Nous ne croirions pas avoir accompli notre tâche si, avant de finir, nous ne disions quelques mots d'une loi toute récente *sur la transcrip-*

tion, rendue le 23 mars dernier et qui ne sera exécutoire qu'à partir du 1er janvier prochain. Cette loi, réclamée depuis longues années par d'éminents jurisconsultes, fait retour au système de celle du 11 brumaire an VII, en ressuscitant la nécessité de la transcription pour toutes les translations de propriété, soit à titre gratuit, soit à titre onéreux. Ainsi, à défaut de la transcription et jusqu'à la transcription, les droits réels pourront désormais s'asseoir utilement sur l'immeuble du chef du vendeur; mais une fois la transcription opérée, les tiers seront forclos du droit de s'inscrire.

A côté de cette heureuse innovation qui bouleverse si profondément tout le système hypothécaire du Code Napoléon, il en est une autre dans la même loi moins fondamentale sans doute, mais qui cependant a bien aussi son importance et que nous allons examiner parce qu'elle se rattache particulièrement à notre sujet. Nous la trouvons dans l'art. 6 qui dit : « A partir de la transcription, les créanciers privilégiés.... » ne peuvent prendre utilement inscription sur le précédent proprié- » taire. — Néanmoins le vendeur ou les co-partageants *peuvent* utile- » ment inscrire les priviléges à eux conférés par les art. 2108 et 2109 » du Code Napoléon dans les quarante-cinq jours de l'acte de vente ou » de partage, nonobstant toute transcription d'acte faite dans ce délai. » — Les art. 834 et 835 du Code de procédure civile sont abrogés. » Ainsi, d'après cet article, les créanciers privilégiés devront, sous peine de déchéance, faire inscrire leur privilége avant la transcription : le vendeur et le co-partageant seuls seront admis à prendre inscription dans un délai de quarante-cinq jours à partir de l'acte de vente. Les auteurs de la loi nouvelle ont-ils voulu complètement abroger l'art. 2108? En d'autres termes, ont-ils voulu enlever au vendeur la faculté de conserver son privilége par la seule transcription? Nous ne le croyons pas : l'art. 9 que nous venons de citer n'est point conçu en des termes impératifs, il dit au contraire « *peuvent.* » La transcription conservera donc toujours comme par le passé le privilége du vendeur, seulement si l'acquéreur ne fait pas transcrire, le vendeur n'aura plus besoin de provoquer lui-même la transcription, ce qui l'induisait à des frais assez considérables; il aura la ressource de faire inscrire son privilége dans les quarante-cinq jours de l'acte de vente, sans s'inquiéter de savoir si la transcription a été faite ou non par l'acquéreur.

Nous nous bornerons à ces quelques aperçus généraux ; heureux d'avoir pu les premiers signaler les immenses avantages que nous croyons devoir résulter de cette loi qui restera, nous en sommes persuadés, comme un des plus importants monuments de la législation de notre époque.

DROIT COMMERCIAL.

DE LA SOCIÉTÉ EN NOM COLLECTIF.

1. *Des diverses espèces de sociétés commerciales.* — La société, par la réunion en un seul faisceau de forces éparses, est un puissant moyen d'action. Il ne faut donc pas s'étonner que le commerce si ingénieux dans son extension se soit hâté de s'en emparer et de la plier à son usage. Il y a trois types principaux de sociétés commerciales :

1° Une association de personnes entraînant le principe de la responsabilité personnelle illimitée et de la solidarité ; c'est *la société en nom collectif;*

2° Une association de choses, de capitaux seulement, avec une responsabilité limitée au montant de ces capitaux ; c'est la *société anonyme ;*

3° Une association mélangée de personnes et de choses, offrant simultanément les deux principes de responsabilité ci-dessus mentionnés ; c'est la *société en commandite;*

Ces trois sociétés sembleraient devoir suffire aux besoins du commerce : Cependant il est des circonstances où les associés n'ont pas le

3

temps de se choisir, où l'urgence les force à s'unir immédiatement. Le législateur a voulu seconder ces liaisons rapides en permettant une quatrième association dite *en participation*.

Nous n'avons à nous occuper ici que de la première de ces quatre sociétés qui, du reste, est la plus importante parce qu'elle est la plus usuelle.

II. *Caractère de la Société en nom collectif.* — Cette société est celle que contractent deux ou plusieurs personnes pour faire le commerce sous une *raison sociale* (art. 20, C. com.) La raison sociale est le nom de la société, corps moral, personne juridique, distincte de chacun des associés qui en font partie. C'est de ce nom que signe la société dans les engagements qu'elle prend ; c'est sous ce nom que les assignations sont données, les inscriptions prises, etc. La raison sociale n'est pas d'invention moderne; on la retrouve, en effet, chez les Romains. Seulement, ce qui distingue notre raison sociale de celle des Romains, c'est que de nos jours on se contente de signer, par exemple, Pierre et Cⁱᵉ, tandis que les Romains exigeaient, et peut-être avec raison, la signature de tous les associés. La raison sociale a pour but d'inspirer de la confiance au public en lui faisant connaître les individus avec lesquels il traite et les garanties personnelles et pécuniaires qu'ils offrent.

Si donc un des associés se retire, il devra notifier sa retraite, et si, par pure tolérance, il laisse figurer son nom dans la raison sociale, il sera obligé à l'égard des tiers.

Les transactions commerciales veulent pour leur sécurité d'amples garanties : aussi la solidarité est-elle de droit commun en droit commercial et particulièrement dans la société en nom collectif. Les créanciers ont donc contre tous les associés une *action solidaire*, en vertu de laquelle ils peuvent réclamer contre chacun d'eux la totalité de leur dette (art. 7, tit. 4 de l'ordonnance de 1673 ; art. 22, C. com.) La solidarité indéfinie qui pèse sur les associés en nom collectif est particulière à cette espèce de société et en forme même, selon la plupart des auteurs, le seul caractère distinctif. Nous pensons donc que c'est en vain que l'acte de société repousserait par une clause formelle la solidarité, les tiers n'en auraient pas moins leur action solidaire et cette clause n'aurait d'effet, selon nous, que dans les rapports des associés entr'eux.

Ajoutons du reste que la solidarité dont sont tenus tous les associés en nom collectif doit s'entendre dans de justes bornes et, à cet égard, nous croyons une distinction nécessaire. La société est-elle pendante ? les créanciers peuvent s'adresser à qui ils veulent, car alors il n'y a rien de fixe dans les fonds sociaux, tout est flottant, incertain. La société, au contraire, est-elle dissoute ? Les créanciers avant de poursuivre les associés sont tenus de discuter les biens de la société leur débitrice directe, alors en effet le fonds social est déterminé et invariable.

III. — *Administration de la société en nom collectif.* — Pour que les associés soient ainsi engagés solidairement, deux conditions sont nécessaires : il faut que l'engagement soit contracté 1° par ceux qui en ont le droit, 2° sous la raison sociale.

1° Quels sont ceux qui ont ainsi le droit d'engager les associés ? Il est d'usage que ceux-ci confient à l'un ou à plusieurs d'entr'eux le soin d'administrer dans l'intérêt de tous : ceux auxquels ce droit est confié s'appellent *gérants.* S'il y a des gérants nommés, eux seuls ont le pouvoir d'engager les autres associés ; mais à défaut de conventions verbales à l'égard de la gestion, l'engagement pris par chacun des associés en signant de la raison sociale, oblige les autres associés solidairement (1862, C. N.; 22, C, com.)

2° En thèse, nous venons de le voir, pour que la société soit obligée, il faut que le gérant s'engage *sous la raison sociale* ; cependant la loi n'a pas entendu faire de ces mots une expression sacramentelle. Elle admet tous autres termes qui exprimeraient la même idée (arr. de la cour de cassation du 21 août 1811, confirmant un arr. de la cour de Pau).

Qu'arrivera-t-il si le gérant abuse de la signature sociale, en s'en servant dans son propre intérêt? La jurisprudence de la cour de cassation décide que la société sera valablement engagée : pourquoi, en effet, les associés n'ont-ils pas choisi un gérant plus loyal ? Cette décision de la Cour suprême nous semble trop radicale et nous ne l'appliquerions pas au cas, par exemple, où ce serait le tiers lui-même qui, sachant que l'engagement du gérant était dans son intérêt exclusif, aurait néanmoins exigé qu'il signât cet engagement sous la raison sociale, afin d'avoir la garantie de tous les associés : ce serait, en effet, selon nous le cas ou jamais d'invoquer la maxime : *fraus corrumpit omnia.*

La société en nom collectif ayant pour objet de faire le commerce, le gérant a le pouvoir de faire tout acte de commerce. Ainsi il conclut les achats et ventes de marchandises, fait et reçoit les paiements, tire, endosse, accepte les lettres de change, etc. Nous croyons même qu'il peut transiger, quoique cette faculté lui soit refusée par certains auteurs.

IV. — *Preuve de la société en nom collectif.* — *Publicité.* — *Sanction de cette publicité.* — L'art. 39 du C. com. porte : Les sociétés en nom « collectif ou en commandite doivent être constatées par des actes pu- » blics ou sous signature privée en se conformant, dans ce dernier » cas.... etc. » Cet art. est la reproduction de l'art. 1 du tit 4 de l'or- donnance de 1673 et des art. 1834 et 1841 du C. Nap.

L'art. 42 ajoute qu'un extrait de l'acte social doit être remis au greffe du tribunal de commerce dans l'arrondissement duquel est établie la maison pour être transcrit sur les registres et affiché pendant trois mois dans la salle des audiences. Cette garantie de publicité n'a même pas paru suffisante au législateur; un décret du 12 février 1814, rendu par l'impératrice Marie-Louise en qualité de régente et cassé par le Sénat comme inconstitutionnel, mais remis en vigueur par la loi du 31 mars 1833, exige de plus que l'existence des sociétés soit portée à la connaissance du public par la voie des journaux.

La sanction de l'inobservation de ces diverses formalités est la nul- lité *à l'égard des intéressés* (art. 42 *in fine*). La société une fois an- nulée cesse d'exister, elle ne fonctionne plus, mais son passé subsiste néanmoins.

Ici se présente une question bien controversée, à savoir : qui pourra invoquer cette nullité ? La question pour être résolue doit être envisagée sous un triple point de vue. Et d'abord les associés pourront- ils demander la nullité les uns vis-à-vis des autres ? A ne consulter que la raison, on serait obligé d'admettre la négative, car il est bien difficile d'expliquer une action en nullité fondée sur l'ignorance du pacte social de la part de ceux-là même qui l'ont fait. Cependant si on examine avec soin les derniers mots de l'art. 42, on est forcé de se rendre à l'opinion contraire que du reste l'on justifie en disant que les signataires du pacte social ont entendu former un être de raison, et que, tant que cet être de raison n'existe pas, la nullité du pacte social peut être demandée : or il est hors de doute que la société ne devient être de raison que par les publications prescrites. D'ailleurs , nous le répétons , le texte de l'art. 42 fournit un argument décisif ; il oppose les *intéressés* aux tiers créanciers sociaux : donc les *intéressés* ne sont autre chose que les associés ; donc encore l'associé pourra en se fondant sur le défaut d'extrait demander à l'encontre de ses co-associés la nullité de la société (Merlin , Quest. de Droit , vº soc., § 1).

Pourrait-il également argumenter de ce défaut d'extrait à l'encontre des tiers s'il avait traité au nom de la société annulée ? Une telle opinion serait essentiellement contraire à l'équité ; car les associés, se berçant du doux espoir de faire postérieurement annuler la société, si le malheur survient, n'observeraient pas à dessein quelque formalité pour étayer leur mauvaise foi.

Enfin , les créanciers personnels de l'un des associés peuvent-ils opposer la nullité aux créanciers sociaux ? Oui, car la loi ne refuse ce droit qu'aux associés et d'ailleurs nous avons vu qu'elle répute la société nulle à l'égard des intéressés , c'est-à-dire à l'égard de toute personne ayant intérêt à l'accomplissement des formalités prescrites. Notre solution est d'autant plus rationnelle que les créanciers des associés n'ont pas, comme les associés eux-mêmes, de faute à se reprocher.

Il nous reste une dernière question à nous poser : La nullité peut-elle être couverte ? Non, d'après la jurisprudence. Nous croyons cependant qu'elle peut l'être à l'égard des associés par la ratification postérieure , tout en admettant que cette ratification ne nuira en aucune façon aux droits acquis par les tiers.

DROIT ADMINISTRATIF.

DE LA COMPÉTENCE ADMINISTRATIVE ET JUDICIAIRE EN MATIÈRE DE TRAVAUX PUBLICS.

(Indiquer la législation et la jurisprudence.)

Les travaux *publics* sont ceux qui s'appliquent au sol et qui sont entrepris dans un but d'utilité générale, sous la direction et le plus souvent aux frais de l'Etat considéré comme *unité nationale*, c.-à-d. comme personnification de l'intérêt public : ainsi , par exemple, les travaux ayant pour but l'établissement des chemins de fer, la création des télégraphes électriques, l'amélioration et le développement des routes, l'entretien et l'achèvement des canaux de navigation , la construction des ponts , quais, digues, l'érection de nouveaux monuments et la restauration des anciens, le percement des rues, le dessèchement des marais, etc.— Entrepris sur une large échelle dans les derniers règnes de l'ancienne monarchie , continués même au milieu des troubles de notre première révolution , les travaux publics ont sous l'Empire pris une extension qui n'a cessé de s'accroître depuis la paix générale. Aujourd'hui que les chemins de fer sillonnent dans tous les sens le nord de la France, et que le midi est à la veille, espérons-le du moins, de voir se réaliser pour lui aussi les bienfaits de cette merveilleuse conquête de la science et de l'industrie , avons-nous besoin d'insister pour faire ressortir tout ce que la matière des travaux publics a acquis, dans ces derniers temps, d'importance et d'étendue.....?

Ici , se présente à notre examen une question bien délicate et bien controversée ; cependant, grâce à la définition que nous avons posée en commençant, peut-être nous sera-t-il facile d'en trouver la solution. Cette question, la voici : les travaux *communaux* sont-ils des travaux *publics* ? En d'autres termes , les communes sont-elles des personnes publiques représentant l'intérêt général ? Nous plaçant en-dehors de la doctrine et de la jurisprudence, nous n'hésitons pas à répondre négativement. Sans doute les travaux communaux concernent une partie importante du public, une agglomération d'individus ; mais l'intérêt général n'est pas l'intérêt d'un village, c'est l'intérêt de la France entière , comme disait éloquemment M. Mauguin à la Chambre des députés en 1481; ce n'est pas l'intérêt de quelques-uns , c'est l'intérêt de tous ; et , pour nous servir de l'expression ingénieuse de M. Chauveau (princ. de comp. , t. 1 , p. 93 , n° 327) , de l'Etat *seul* on peut dire , en paraphrasant le mot fameux d'un grand roi : « *l'Etat c'est nous* ». Or si , comme nous le croyons , les travaux communaux ne présentent pas ce caractère *d'utilité générale* qu'exige notre définition des travaux publics , ils ne doivent pas évidemment être rangés dans la classe des travaux publics. Nous en disons autant des départements et établissements publics. Cette solution toute raisonnable et toute simple qu'elle semble a rencontré , faut-il le dire , peu de partisans dans les auteurs qui se sont occupés de la question. Cependant nous trouvons parmi ses défenseurs MM. Chauveau , Foucart, Proudhon , le journal des conseillers municipaux (19ᵉ consultation , t. 1 , p. 87), et le journal des communes (t. 2 1809 , p. 313). Quant à la jurisprudence du conseil d'Etat, elle avait longtemps été indécise ; mais à partir de 1829 , nous devons dire , tout en le regrettant, qu'elle a fortement incliné vers l'assimilation des travaux communaux et départementaux aux travaux entrepris par l'Etat *unité nationale* ; et depuis 1843 elle parait fixée à cette dernière opinion que cependant nous croyons peu justifiable et à laquelle même est contraire la Cour de Cassation , ainsi que cela résulte d'un arrêt du 11 mars 1839.

Le caractère des travaux publics étant ainsi bien nettement déterminé , renfermons-nous dans les limites qui nous ont été spécialement désignées : étudions les règles de compétence qui régissent la matière et voyons ce qui appartient à l'autorité administrative et ce qui appartient à l'autorité judiciaire.

§ I. — *Compétence administrative.*

C'est à celle-ci, pouvons-nous dire, qu'a été faite la part du lion : elle est la règle en effet, tandis que la compétence judiciaire est l'exception.

Matières contentieuses. Le contentieux des travaux publics est dévolu au conseil de préfecture (art. 3, 4 et 5 du décret des 7-11 septembre 1790, *art. 4 de la loi du 28 pluviôse an VIII*. Husson, Cotelle, Macarel, Cormenin, Serrigny, Chauveau); quelquefois cependant, mais dans des cas fort rares, il est dévolu, comme nous le verrons bientôt, aux ministres.

Le conseil de préfecture est appelé à prononcer :

1° Sur les contestations qui s'élèvent entre les *entrepreneurs* et l'administration à propos du sens ou de l'exécution des clauses de leur marché. Sont entrepreneurs de travaux publics les particuliers, compagnies ou communes qui se chargent de leur exécution, soit moyennant une somme déterminée, soit moyennant la concession d'un droit de péage ;

2° Sur les réclamations des particuliers qui se plaindront des torts et dommages procédant du fait personnel des entrepreneurs. Il y a deux espèces de dommages : les dommages *temporaires* consistant dans l'*occupation temporaire* des fonds voisins pour l'établissement de passages provisoires, de dépôts, d'ateliers, etc., et les dommages *permanents* consistant dans l'*altération irrévocable* de la propriété par la réduction de la force motrice des usines, par le changement de niveau de la voie publique, etc. A l'égard des premiers, la compétence administrative a toujours été à l'abri de toute discussion. Quant aux dommages permanents, la question a paru très-longtemps douteuse. Des auteurs très-recommandables soutenaient en effet que, l'altération irrévocable de la propriété équivalant à l'expropriation, les tribunaux judiciaires devaient seuls en connaître aux termes de l'art. 1 de la loi du 16 septembre 1807, dont le principe avait été conservé par les lois du 7 juillet 1833 et du 3 mai 1841. Ce raisonnement, qui nous semble fort juste d'ailleurs, était vivement appuyé par la jurisprudence judiciaire, tandis que la jurisprudence administrative tenait non

moins vivement pour le système opposé , c'est-à-dire pour l'assimilation des dommages permanents aux dommages temporaires. Cette
longue lutte où les deux ordres combattaient chacun *pro aris et focis* ,
peut-on dire , n'est plus aujourd'hui qu'historique. Le tribunal des
conflits , institué par la Constitution de 1848 , et qui dans sa courte
existence de quatre années a rendu de si importants services , avait
tranché la question dans le sens des juges administratifs par divers
arrêts , notamment ceux du 29 mars et du 27 avril 1850. Depuis
la suppression de ce tribunal , la Cour de Cassation elle-même est
revenue (à tort , croyons-nous), sur sa propre jurisprudence , et a
reconnu à son tour la compétence administrative par un arrêt du
29 mars 1852.

3° Sur les demandes et contestations concernant les indemnités dues
aux particuliers à raison des terrains pris ou fouillés pour la confec-
tion des chemins , canaux et autres ouvrages publics. Cette faculté ,
accordée aux entrepreneurs d'extraire des terrains voisins tous les
matériaux dont ils auront besoin n'est pas nouvelle, elle remonte à
Louis XIV : nous la trouvons, en effet, consignée dans un arrêt du
conseil , en date du 23 juin 1806 ; l'art. 4 de la loi du 28 pluviôse an
VIII fait encore mention de ce droit qui enfin a été étendu à tous les
travaux publics par une ordonnance du conseil d'Etat rendue le 5 juin
1848. — Quant à l'indemnité , elle est due, non pour la valeur des
matériaux, mais pour le dégât occasionné par l'extraction.

En finissant cette énumération des attributions du conseil de préfecture , nous n'avons pas besoin d'ajouter que le ministre étant le *juge
ordinaire* du contentieux administratif (Chauveau, Princ. de comp.
t. 1, n° 1154) doit naturellement connaître, en matière de travaux
publics, de toutes les difficultés qui ne seront pas dévolues au conseil
de préfecture par un texte formel ou , tout au moins , par suite d'une
analogie évidente.

Matières gracieuses. — Quant à la juridiction gracieuse, elle appartient au préfet. Ainsi c'est le préfet qui surveillera les travaux , qui
présidera en conseil de préfecture à leur adjudication, qui en autorisera
définitivement l'exécution s'ils concernent les routes départementales,
qui en prononcera la mise en régie s'ils sont en retard d'exécution, qui

4

en indiquera le tracé , qui déterminera les lieux d'extraction des matériaux lorsqu'ils n'auront pas été désignés dans le devis, etc.

§. II. — *Compétence judiciaire.*

En matière de travaux publics, c'est à peine si nous trouvons quelques cas dans lesquels l'autorité judiciaire soit compétente.

Ainsi sont portées devant cette dernière les contestations auxquelles peuvent donner lieu les *conventions privées*, c'est-à-dire par exemple :

1° Les traités de toute nature passés par les entrepreneurs et leurs sous-traitants, ouvriers, voituriers, etc. (Rouen, 17 mars 1808. — Cormenin, Husson, Cotelle, Macarel, Chauveau, etc.).

2° Les conventions passées entre les entrepreneurs et les particuliers relativement aux indemnités dues à ces derniers pour les dommages de toute nature causés à leurs propriétés par l'exécution des travaux (Lyon, 23 mars 1833).

Ces questions, en effet, comme toutes celles qui se rattachent aux *conventions privées*, ne peuvent être résolues que par des moyens du Droit civil (Chauveau, Princ. de compét. t. 1, n. 538).

Enfin, l'attribution la plus importante, pour ne pas dire la seule importante, du pouvoir judiciaire en matière de travaux publics est celle qui lui est dévolue par l'art. 1 de la loi du 3 mai 1841, loi qui forme le Code actuel et complet de l'expropriation pour cause d'utilité publique : d'après cet art. l'expropriation « s'opère par autorité de justice. » Malgré des termes aussi généraux, il ne faut pas croire que tout soit judiciaire dans cette matière. C'était là le principe de la loi du 16 septembre 1807 : mais il fut plus que modifié par celle du 8 mars 1810 qui, tombant dans un excès contraire, fit de l'expropriation une matière exclusivement administrative. Enfin, la loi du 7 juillet 1833 complétée et perfectionnée par celle du 3 mai 1841 dont nous avons à nous occuper, se montra tout à fait éclectique et adopta un système mixte dont la pratique de tous les jours fait ressortir les avantages. — Toutes les formalités préalables sont donc du ressort du pouvoir administratif : ainsi c'est l'empereur qui, en vertu de l'art. 4 du sénatus-

consulte du 25 décembre 1852, déclare l'utilité publique : c'est le préfet ensuite qui détermine les propriétés à exproprier, etc. Mais à dater
de la requête présentée au tribunal, la compétence administrative cesse
et tous les actes postérieurs sont judiciaires, *même ceux passés en la
forme administrative.* — C'est ici que vient se placer une question bien
débattue, à savoir : en quoi consiste le pouvoir des tribunaux judiciaires ? Seront-ils, pour reproduire les paroles énergiques de M. Portalis,
réduits au rôle de *machines*, homologuant purement et simplement
l'instruction administrative? Ou bien, auront-ils le droit de critiquer
cette instruction, de l'examiner, d'en prononcer l'annulation ? Ni l'un,
ni l'autre : Il y a entre ces deux extrêmes un terme moyen dans lequel
nous croyons, avec M. Chauveau, que réside le véritable esprit de la
loi. Voici en quoi il consiste : « Les formalités prescrites par le législa-
» teur ont-elles été accomplies? *Oui* ; les tribunaux prononceront l'ex-
» propriation : *Non* ; les tribunaux la refuseront (Chauveau, Princ. de
» comp., t. 1, n° 437). » Ainsi ils auront à s'occuper non pas du plus ou
moins de légalité des actes administratifs préalablement faits par l'autorité administrative ; mais bien seulement de l'existence ou de la
non-existence de ces actes. Par cette distinction, nous croyons sauve-
garder le grand principe de la séparation des deux pouvoirs proclamé
par l'assemblée constituante, le 24 août 1790, tout en respectant les
attribution dévolues à chacun des deux par la loi du 3 mai 1841.

Cette Thèse sera soutenue, dans une des salles de la Faculté,
le 1er août 1852.

Vu par le président de la Thèse,

CHAUVEAU.

Toulouse. Typographie de Bellegarrigue, rue des Filatiers, 40.